AF230331

OBSERVATIONS

SUR LA DÉCLARATION EXIGÉE DES MINISTRES DES CULTES, EN VERTU DE LA LOI DU 7 VENDÉMIAIRE, AN 4.

OBSERVATIONS

SUR LA DÉCLARATION EXIGÉE DES MINISTRES DES CULTES, EN VERTU DE LA LOI DU 7 VENDÉMIAIRE, AN 4.

PAR S. P. ERNST, CURÉ D'AFDEN.

Audendum est, ut illustrata veritas pateat, multique ab errore liberentur. LACTANT.

M. DCC. XCVII.

OBSERVATIONS

Sur la Déclaration exigée des Ministres des Cultes, en vertu de la Loi du 7 Vendémiaire, an 4.

IL est déchirant sans doute de voir, qu'au moment, où la paix rendue à l'Europe commençoit à répandre la joie la plus pure dans le cœur des hommes, sensibles aux maux de toute espece, qui ont marché à la suite de la guerre la plus désastreuse dont les annales du monde conservent la mémoire, une partie de la République soit en proie à un nouveau genre de calamité, & qu'un Peuple, fonciérement attaché à la Religion de ses peres, & qui comptoit fermement n'y être jamais gêné, se trouve presque par-tout réduit à n'en pouvoir plus exercer le Culte, par le refus de ses Pasteurs de donner la Déclaration exigée en vertu de la Loi du 7 Vendémiaire, an 4.

J'aime à croire que le Gouvernement, s'il avoit mieux connu l'esprit public, & prévu le résultat de sa démarche à cet égard, ne l'eut point entreprise; la Déclaration d'un côté n'étant rien moins que nécessaire, & l'intérêt essentiel du Gouvernement, de l'autre côté, étant de s'attacher, le plus étroitement que possible, ces Peuples que l'histoire nous montre si ennemis de toutes les innovations, sur-tout celles où ils croient la Religion compromise, ou que du moins il eut cherché par quelque modification à prévenir un désordre, qui ne peut avoir que les plus mauvaises suites pour ces Peuples comme pour le Gouvernement lui-même, dont les efprits vont s'aliéner de plus en plus, fi la défiance, qui l'a enfanté, n'eft point écartée. On peut efpérer, d'après la réfolution prife au Confeil de cinq Cens, le 4 Prairial, qu'elle le fera. En attendant, animé par l'amour de l'ordre, autant que de la vérité, après avoir balancé long-tems fur le parti à prendre, je me fuis enfin décidé, à tâcher d'éclairer ceux de mes Concitoyens, qui ont envifagé la Déclaration dont il s'agit, fous un point de vue oblique, comme ceux auffi auxquels elle a été préfentée dans un faux jour. Je propofe mon opinion à moi, en refpeĉtant fur-tout à raifon de leur vertu celle des autres, leurs préjugés même. S'il arrive, comme je le fouhaite très-fort, quelque changement à l'égard de la Déclaration|, ce travail fervira au moins à faire confter au public, que ceux, qui l'ont faite, n'ont point agi inconfidérement.

On s'eft plu à identifier la Déclaration, foit avec le Serment fur la foi-difante Conftitution civile du Clergé, décrétée par l'Affemblée Nationale Conftituante; Serment, réprouvé par le Saint Siege & par toute l'Eglife Catholique, dont cette prétendue Conftitution civile du Clergé entamoit la croyance, & renverfoit la difcipline ; foit avec le fecond Serment, appellé *civique*, décrété le 16 & 29 Novembre 1791, qui ne différoit du premier que de nom, puifqu'il obligeoit *à maintenir de tout fon pouvoir* une Conftitution dont celle du Clergé étoit appuyée. L'erreur cependant étoit bien aifée à appercevoir. Cette Conftitution prétendue civile du Clergé, après avoir opéré ce que fes auteurs fe propofoient, la *décatholicifation* de la France, eft rentrée dans le néant, dont elle n'auroit jamais dû fortir pour la tranquillité d'un fi beau pays. Elle ne peut donc point être l'objet de la

Déclaration exigée aujourd'hui des Miniftres des Autels. La derniere Conftitution de l'an 1795 eft pofiti-
ve à cet égard. Elle ne reconnoît aucun Culte en
particulier, ni par conféquent aucun Miniftre de Culte,
donc elle ne ftatue rien, comme auffi elle ne pouvoit
rien ftatuer fur le Sacerdoce Chrétien. Cet objet lui-
étant abfolument étranger, ce qu'elle demande aujour-
d'hui eft une fimple Déclaration, de reconnoître la
République & d'être foumis à fes Loix, qui ne font
& ne peuvent être que civiles, au nombre defquelles
il faut fans doute mettre celle du 9-17 Juin 1791,
relative au *vifa* des Refcrits de Rome, ainfi que
celle du 7 Vendémiaire, an 4, concernant la Police
extérieure des Cultes. Ces feules dans le *Recueil de
Loix & Réglemens pour les neuf Départemens réu-
nis*, qui ayent trait aux affaires eccléfiaftiques.

C'eft peut-être pour donner le change fur la véri-
table intention du Gouvernement, & dans la vue de
nourrir la défiance à fon égard, qu'on affecte de faire
paffer cette Déclaration pour un Serment; car quoique
la parole d'un Chrétien doive être comme un Serment,
ainfi que le dit St. Athanafe dans fa Lettre à Dra-
conce, & qu'il ne foit pas plus permis de mentir
que de fe parjurer, ce n'en eft cependant pas un, &
c'eft toujours une efpece de modération de la part du
Gouvernement, peut-être aujourd'hui éclairé de l'abus
énorme des Sermens, de s'être borné à une fimple Déclaration, conçue en ces termes :

*Je reconnois que l'univerfalité des Citoyens
Francois eft le Souverain, & je promets foumiffion & obéiffance aux Loix de la République.*

Il eft donc queftion de deux chofes. La premiere de

reconnoître la République Françoife , & la feconde de promettre foumiffion & obéiffance à fes Loix.

La premiere doit fouffrir d'autant moins de difficulté, que non-feulement prefque toutes les Puiffances, mais encore le Pape lui-même viennent de reconnoître la République Françoife. J'ai cru néanmoins m'appercevoir, que quelques perfonnes fe trouvoient arrêtées de faire la Déclaration, parce qu'elles ne croient pas que la Conftitution , quoique publiée dans la Belgique, y ait été acceptée par la majorité du Peuple. Je n'entrerai point dans la difcuffion de cette prétention, parce qu'elle me paroît abfol_ment nulle pour réfoudre la queftion : Si l'on peut reconnoître le Peuple François, en général, pour Souverain. D'autres trouvent de la difficulté à prêter la Déclaration dans la tournure, donnée à ce qui en fait la premiere partie. Elles ne conçoivent point comment l'univerfalité des Citoyens foit le Souverain. Car, difent-elles , la Souveraineté étant effentiellement le devoir de veiller & ,, de tout gouverner pour le fa- ,, lut de tous, il eft abfurde que tous ayent le de- ,, voir de gouverner ou de veiller fur tous ".

Mais je prie ces perfonnes, d'obferver que cette abfurdité n'eft qu'apparente. Dans le fond il ne s'agit que de reconnoître par ces expreffions, un peu abftraites, la République ou le Gouvernement Républicain en France. Mais, comme la République eft compofée de tous les Citoyens François, il eft évident que tous ces Citoyens, collectivement pris, font le Souverain, quoiqu'individuellement chacun foit fujet. La Souveraineté réfide fonciérement dans le Peuple ; c'eft-à-dire, le pouvoir de fe donner tel ou tel Gouvernement. L'exercice de la Souveraineté eft confié, par le Peuple François, à un certain nombre de perſonnes, dont les unes exercent le pouvoir légiſlatif & les autres le pouvoir exécutif. Mais le Peuple, portant médiatement par les Electeurs, qu'il a choiſis, ſes Légiſlateurs, ſes Directeurs & Adminiſtrateurs aux places qu'ils occupent, & choiſiſſant immédiatement ſes Electeurs, ſes Juges & ſes Officiers Municipaux, il eſt vrai de dire, que ſous ce rapport il exerce auſſi la Souveraineté en partie. Son Gouvernement eſt mixte, démocratique à certains égards & ariſtocratique par rapport à l'exercice permanent du Gouvernement, qui eſt entre les mains d'un petit nombre de Citoyens.

Il n'y a rien ici, qui ne ſe trouve plus ou moins dans toutes les autres Républiques, ſoit celles fondées comme telles originairement, ſoit celles élevées ſur les débris des trônes, devenues par le conſentement des peuples légitimes dépoſitaires de l'autorité de gouverner, que le Suprême Arbitre des choſes humaines a remiſe dans la main des hommes ſur leurs ſemblables. La généralité des Citoyens, incapable de gouverner par elle-même, & ne pouvant à la fois être Souverain & ſujét, tranſporte ſur ceux & ſur autant, qu'elle trouve à propos, le droit d'en être gouvernée. Mais l'univerſalité des Citoyens, compoſant cette fédération, quoiqu'elle ne puiſſe exercer toute la Souveraineté elle-même ſur elle-même, ne laiſſera pas d'être le Souverain, parce que c'eſt elle-même, qui par ſon pacte ſocial s'eſt donné tels ou tels Gouvernans, & s'eſt réſervé le droit de les renouveller aux époques convenues, ou même de prendre, ſi bon lui ſemble, une autre forme de Gouvernement. On voit, que dans ce ſens-là on peut dire, que dans les monarchies mêmes le Peuple eſt le Souverain, puiſqu'originairement il s'eſt donné cette forme de Gouvernement, ou au moins a reconnu 'autorité de l'Uſurpateur, & conſerve le droit de revenir contre , non pas abfolument, mais bien par une nouvelle convention avec le Chef de l'Etat, avec lequel il avoit contracté, ou bien malgré lui & dans le cas de la violation du pacte focial, par un confentement univer-fel, légitimement prononcé.

Il n'eft nullement queftion dans la Déclaration exigée de l'origine de la Souveraineté. La derniere Conftitu-tion paroît-elle même en avoir fait abftraction, puifqu'elle a réformé cet apophtegme de l'Affemblée conftituante dans fa Déclaration des droits de l'homme : „ *Le prin -* „ *cipe* de toute Souveraineté réfide effentiellement dans „ la Nation". Mais les Chrétiens favent d'après les divins oracles, que malgré les différentes fortes de Gou-vernemens, établis dans l'univers par les conventions des hommes, il eft vrai néanmoins de dire, qu'*il n'y a de Puiffance qui ne vienne de Dieu.* Comme dit S. Paul au Chapitre 13 de fon Epître aux Romains. Et quoique tout ufage de cette Puiffance, ni toute voie, pour y entrer, ne foient pas de Dieu, la Puiffance publique elle-même ne vient que de lui. C'eft lui qui l'a donnée aux hommes, en abandonnant à leur volonté la forme fous laquelle elle feroit exercée, comme le remarque le grand Boffuet, *Defenf. declar. Cleri Gallic. Part.* 2 *Lib.* 5. *Cap.* 3. *C'eft par moi* , dit pour cela la divine Sageffe au Chap. 8 des Proverbes, *que les Rois gou-vernent & que les Légiflateurs émanent des Loix juftes.* Auffi Tertullien ne fit-il pas difficulté de dire, que les Empereurs Romains, tout païens qu'ils étoient, n'igno-roient pas de qui ils tenoient leur pouvoir, *Sciunt quis illis dederit Imperium.* Et nos Légiflateurs ne l'igno-rent pas plus qu'eux, puifqu'ils ont déclaré avoir pro-clamé la Conftitution en préfence de l'Être-Suprême ; c'eft-à-dire, celui dont ils tiennent l'exiftence, & par conféquent l'autorité, qu'ils exercent comme Députés

du Peuple. *Inde poteſtas illi unde & ſpiritus.* Apologet. Cap. 30.

Rien ne peut donc arrêter un eſprit juſte, à faire la
Déclaration demandée par rapport au premier Chef;
c'eſt-à-dire, celui de reconnoître que l'univerſalité des
Citoyens François eſt le Souverain, ou, ce qui eſt la
même choſe, que le peuple François, après avoir renoncé
au Gouvernement monarchique, a choiſi la forme de
Gouvernement Républicain; de maniere néanmoins,
que tous ne ſont point admis à un exercice immédiat de
la Souveraineté à tous égards, ce qui ſeroit impoſſible,
ſur-tout dans un état très-étendu. Un tel Gouvernement
ne convient qu'à un Peuple de dieux, dit J. J. Rouſſeau
au *Contrat ſocial, Liv.* 3 *Ch.* 4, en avançant une pro-
poſition, auſſi vuide de ſens que contraire aux Théo-
machies, de la fable dont il emprunte le langage, on
connoît ce vers d'Ovide: *Sæpe premente Deo fert
Deus alter opem.*

La ſeconde partie de la Déclaration; c'eſt-à-dire, la promeſſe de ſoumiſſion & d'obéiſſance aux Loix de la République peut encore moins embarraſſer; car, comme
l'obſerve St. Auguſtin (*Confeſſ. Lib.* 3. *Cap.* 8.)
„ La premiere Loi de toute ſociété c'eſt d'obéir à ſes
„ Chefs, c'eſt-là une convention générale des hommes
„ ſe réuniſſant en états". Le Prêtre eſt membre de
l'Etat & Citoyen avant ſon Ordination; le Sacerdoce
ne lui ôte point la qualité de ſujet, & ne l'affranchit point
de l'obéiſſance qu'il doit au Souverain, ni de l'exemple
de ſoumiſſion que le reſte des fideles eſt en droit d'attendre de lui. Faiſant partie de l'état, il doit garder les
rapports qu'il a avec lui. „ Car toute partie, dit encoꝛe
„ très-bien à ce ſujet S. Auguſtin, à l'endroit cité, qui
„ n'eſt point à l'uniſſon avec ſon tout, eſt vicieuſe &

,, déréglée. De-là ce S. Docteur conclut, que pour
,, ce qui n'eſt mal que parce qu'il eſt contraire aux
,, mœurs & à l'uſage de quelque pays ou de quelque
,, Peuple, la regle, qu'on doit ſuivre ſur cela, eſt de ſe
,, conformer à l'uſage reçu & pratiqué dans les lieux
,, où l'on ſe trouve. Chaque état ou chaque nation,
,, dit-il, ſubſiſte ſur de certaines conventions générales,
,, qu'il n'eſt permis ni aux Citoyens, ni aux étrangers
,, de violer. Mais, ajoute-t-il, quand ces Loix ſe trou-
,, veroient en contradiction avec ce que Dieu ordonne,
,, c'eſt à lui, comme le Souverain Arbitre de toutes ſes
,, créatures, qu'on doit obéir de préférence. Car, comme
,, dans les ſociétés humaines on doit par rapport à l'o-
,, béiſſance préférer les autorités ſupérieures aux infé-
,, rieures, qui ne voit que Dieu doive être obéi préfé-
,, rablement à tout "?

Ces principes lumineux ne ſont conteſtés par perſonne
qui faſſe profeſſion du Chriſtianiſme, moins encore par
les Miniſtres de cette ſainte Religion, chargés par état
de les inculquer aux fideles auxquels ils doivent l'in-
ſtruction. Auſſi ne croirai-je jamais, qu'un ſeul d'entre
eux s'oublieroit au point de porter jamais le Peuple à
la révolte contre l'autorité légitime. Traître à ſon Mi-
niſtere, il ſeroit auſſi coupable aux yeux du Dieu de
paix, dont il eſt le Miniſtre, que puniſſable par la
Puiſſance publique. Je ne balancerai point auſſi de dire
que les frayeurs, qu'on peut avoir données à ce ſujet au
Gouvernement, ſont pour le moins tout-à-fait vaines.
Les prétextes ne manquent jamais aux malveillans, mais
du prétexte à la réalité il y a bien loin encore. Plus la
Puiſſance civile a-t-elle jamais été délicate & jalouſe ſur
l'exécution de ſes Loix, plus la malignité a toujours
cherché par cet endroit à tendre des pieges aux Miniſtres de la Religion; mais ils ont appris de leur divin

Maître, de respecter la Puissance établie en ce qui est de son ressort.

Ce seroit leur faire injure, de regarder comme une résistance à l'autorité légitime le refus que plusieurs d'entre eux ont fait jusqu'ici, de donner la Déclaration demandée. Oui, pas un d'entre eux la refusera, dès qu'il sera persuadé, qu'il n'est question que de promettre une soumission, purement passive, aux Loix qu'on croiroit blesser la Religion ou la justice ; c'est-à-dire de promettre de ne point abuser du Saint Ministere, pour troubler l'ordre public & provoquer l'insurrection. Or que telle soit précisément l'intention du Gouvernement, c'est de quoi ne laisse pas douter l'Administration centrale du Département de la Meuse inférieure, dans son Arrêté du 2 Prairial, par lequel elle publie les Considérans de la Loi du 7 Vendémiaire, en vertu de laquelle la Déclaration est exigée ; „ Voulant dissiper, dit-elle, „ tous les doutes qui pourroient s'élever sur la nature „ de cette Déclaration, & éclairer, autant que de besoin, „ ceux qui pourroient, mal-à-propos, croire que l'obli- „ gation promise par des Ministres des Cultes, s'étend „ au-delà de la soumission passive *aux Loix toutes pu- „ rement civiles*". Peut-il y avoir rien de plus propre pour appaiser les consciences alarmées dans le cas présent ?

Mais les Considérans de la Loi elle-même ne sont pas moins positifs à cet égard. Le 3e. porte „ que les Loix, „ auxquelles il est nécessaire de se conformer dans „ l'exercice des Cultes, ne statuent point sur ce qui „ n'est que du domaine de la pensée, sur les rapports „ de l'homme avec les objets de son Culte, & qu'elles „ n'ont & ne peuvent avoir pour but qu'une surveil- „ lance renfermée dans des mesures de Police & de

„ sûreté publique; qu'ainsi elles doivent exiger des Mi-
„ niftres, de tous les Cultes, une garantie purement ci-
„ vique contre l'abus qu'ils pourront faire de leur Mi-
„ niftere, pour exciter à la défobéiffance aux Loix de
„ l'Etat". Cela eft décifif. Mais pefons-le en détail.

Je mets en principe, que perfonne ne me conteftera pas
fans doute, „ qu'un Citoyen doit à l'Etat de fe foumet-
„ tre à l'autorité; c'eft-à-dire, de fouffrir même les
„ vexations des Loix injuftes, plutôt que de troubler
„ l'ordre public. Voilà fon devoir, & les tyrans n'ont
„ jamais exigé rien de plus", dit M. Vauvilliers (*Témoignage de la raifon & de la foi contre la Conftitution civile du Clergé*, Chap. 18. p. 316). Et c'eft
auffi tout ce qu'exige la République, comme c'eft également
lement tout ce qu'elle peut exiger.

C'eft tout ce qu'elle exige, puifqu'aux termes des Con-
fidérans de la Loi, la Déclaration n'eft qu'*une garantie
purement civique* de la part des Miniftres des Cultes,
de ne point abufer de leur Miniftere, *pour exciter à
la défobéiffance aux Loix de l'Etat*. C'eft-à-dire, que
tout ce qu'elle demande fe borne à une fimple promeffe
de la part des dits Miniftres, de ne contribuer en rien,
foit par leurs difcours, foit autrement à la révolte
contre la Puiffance établie. C'eft bien là le devoir de
tout Citoyen, & pourquoi donc ne pas promettre de
s'y conformer ?

Et qu'on ne chicane point fur l'abus qu'on n'a que
trop fait du mot *Civique*. Tout, comme on va voir,
concoure ici, à faire prendre ce mot dans fon acception
propre.

On auroit fans doute droit de réculer, fi l'autorité

civile, dépaſſant ſes pouvoirs, commandoit l'approbation de ſes Loix ſans réſerve. Mais cette prétention
n'eſt point celle du Corps légiſlatif actuel ; au contraire
il déclare, que *la Loi ne ſtatue point*, comme auſſi
elle n'a pas droit de ſtatuer, *ſur ce qui n'eſt que du
domaine de la penſée*. Et, en permettant d'apprécier
ſes Loix, il ne défend pas, ou au moins ne peut pas
plus défendre aux Miniſtres des Cultes qu'aux autres
Citoyens, d'exprimer leur penſée d'une maniere qui ne
compromette pas la tranquillité publique, puiſque d'a-
près l'article 353 de la Conſtitution, *nul ne peut être
empéché*, non-ſeulement *de dire*, mais encore *d'écrire,
imprimer & publier ſa penſée*. Toute Loi qui vous
défendra de qualifier d'injuſte ce qui l'eſt, ſera elle-
même une atteinte portée à la Conſtitution ; & ſi jamais
vous ſouffriez quelque avanie à ce ſujet, vous ſerez
même Martyr de la Conſtitution.

En déclarant, en jurant même de ſe ſoumettre aux
Loix, on ne jure point de renoncer à ſa raiſon, &
d'étouffer ſa conſcience. Un pareil engagement, s'il
fut jamais pris, ne ſeroit pas obligatoire. „ Aucune
„ Loi ne peut défendre d'examiner ce qu'elle défend
„ de faire, dit très-ſenſément le grave Tertullien,
„ puiſque le Juge ne punit avec juſtice qu'après avoir
„ connu qu'on a mal fait, & le Citoyen ne peut ob-
„ ſerver fidélement la Loi, s'il ne connoît ce qu'elle
„ punit. Aucune Loi ne porte l'empreinte de la juſ-
„ tice préciſément pour être Loi, mais elle la reçoit
„ du témoignage de ceux dont elle attend l'obéiſſance.
„ Une Loi ſeroit ſuſpecte par cela ſeul, qu'elle inter-
„ diroit qu'on l'examinât, & elle ſeroit injuſte ſi,
„ malgré qu'elle ne ſoutint point l'épreuve, elle fut
„ miſe en exécution". *Nulla Lex vetat diſcuti quod
prohibet admitti : quia neque Judex juſtè ulciſcitur,*

*niſi cognoſcat admiſſum eſſe quod non licet; neque
Civis fideliter Legi obſequitur, ignorans quale ſit,
quod ulciſcitur Lex. Nulla Lex ſibi ſoli conſcientiam
juſtitiæ ſuæ debet, ſed eis à quibus obſequium ex-
pectat. Ceterùm ſuſpecta Lex eſt, quæ probari ſe non
vult, improba autem ſi non probata dominetur.*
Apologet. Cap. 4.

Le Corps légiſlatif ne jouit certainement pas du pri-
vilege de l'infaillibilité. On peut lui dire, comme Tertullien à l'endroit cité le diſoit aux Romains : Vos
Loix ne ſont point tombées du ciel : *Neque enim de
cœlo ruit.* Les rapports faits de pluſieurs Loix, & les
modifications portées à d'autres, prouvent qu'il ne croit
pas moins être ſujet à l'erreur que les autres hommes.
Comment pourroit-il donc prétendre qu'on approuvât
toutes ſes Loix auxquelles il demande ſoumiſſion ? Tout
ce qu'il exige c'eſt, comme je l'ai déja dit, qu'en im-
prouvant quelque Loi on ne trouble point l'ordre public.

Mais j'ajoute, qu'il ne peut exiger des Miniſtres des
Cultes, comme de tous les autres Citoyens, qu'une pareille ſoumiſſion, par rapport aux Loix qui contrarie-
roient celles de la Religion qu'ils profeſſent; ſoumiſſion,
je le répete, qui, ſans enchaîner leur penſée ni même
ſa manifeſtation, les obligeroit ſeulement à le faire de
maniere qu'il ne ſoit point porté atteinte à la tranquillité publique. Je prouve mon aſſertion.

La République permet à chacun *d'exercer, en ſe con-
formant aux Loix le Culte qu'il a choiſi;* c'eſt-à-
dire en termes plus claires, de pratiquer la Religion
qu'il profeſſe, car le Culte extérieur à lui ſeul n'en eſt
que l'écorce. Donc elle permet auſſi de ſuivre les Loix
de cette Religion, ou bien la liberté des Cultes qu'elle

auroit décrétée ne feroit qu'illufoire. Cette liberté conftitutionelle fera toujours le boulevard contre toutes les entreprifes du defpotifme. Et pourquoi ne jamais ceffer de fe défier? Que gagne-t-on à une méfiance inf-pirée, à la vérité, par des opérations antérieures, mais défavouées aujourd'hui?

Et je vous prie de le bien obferver; les Loix *aux-quelles il eft néceffaire de fe conformer dans l'exer-cice des Cultes, ne ftatuent point*, au dire même des Légiflateurs, *fur ce qui n'eft que du domaine de la penfée, & de la confcience fur les rapports de l'hom-me avec les objets de fon Culte.* Or l'objet principal de tout Culte eft Dieu; donc les Loix de la Républi-que ne ftatuent point fur les rapports de l'homme avec Dieu, fur les devoirs de la créature envers fon Créateur; donc elle ne veut point, comme elle ne peut point, empêcher *de rendre à Dieu ce qui eft à Dieu.* Tout ce qu'elle peut exiger, c'eft, qu'on rende à lui-même ce qui lui eft dû. Toute exaction au-delà la mettroit en contradiction avec elle-même, & la force qu'elle employeroit pour fe faire obéir contre Dieu feroit une tyrannie, qui néanmoins n'autoriferoit ja-mais à la révolte. Les Chrétiens favent fouffrir pour ne pas obéir à des Loix iniques, mais non pas fe fou-lever contre la Puiffance, qui abuferoit de fon autorité contre celui-là même de qui elle la tient. Il s'en faut bien qu'ils croient que l'infurrection foit le plus faint des devoirs, ils déteftent au contraire de tout leur cœur cette maxime de la Philofophie du jour, avancée en préfence des Légiflateurs par un de leurs anciens Collegues.

Il y a plus : Le Corps légiflatif déclare nettement que les Loix, auxquelles il ordonne qu'on fe conforme dans l'exercice des Cultes, *n'ont & ne peuvent avoir pour but qu'une surveillance renfermée dans des mesures de police & de sûreté publique.* C'est ici un aveu solemnel, que la Puissance civile n'a point le droit d'inspection sur l'Eglise dans les choses, qui par leur nature sont uniquement de son ressort, & des suites de l'autorité que Dieu lui a donnée pour le salut des ames ; par conséquent ni sur les dogmes, ni sur sa morale, ni enfin sur sa discipline, qui régle son intérieur ; article essentiel, très-bien développé par M. l'Evêque de Langres, dans son *Instruction Pastorale sur le Schisme*, pag. 56 & suiv.

Et cet aveu écarte à la fois & la Constitution prétendue civile du Clergé, & toutes les Loix qui sont venues à son appui. Et cet aveu doit de plus être aux Catholiques une garantie bien prononcée de la part du Corps légiflatif, contre toute entreprise contraire à leur Religion & à sa morale.

Enfin, tout ce que je viens de dire, est une suite naturelle de la *Liberté*, ce précieux & premier droit de l'homme, dont il n'a jamais prétendu se dépouiller sous quelque Gouvernement qu'il se soit mis ; droit aujourd'hui solemnellement sanctionné par le Peuple François. M. l'Abbé Barruel, dans une excellente Dissertation sur l'origine & la nature de la Souveraineté, expose avec beaucoup de précision cette grande conséquence, & mes Lecteurs ne seront peut-être pas fâchés, de trouver ici ce morceau intéressant, tiré du *Journal ecclésiastique* d'Octobre, 1791, pag. 313 & suiv.

„ L'homme, dit-il, sera donc libre en société ; mais
„ les droits de la liberté le réduiront à faire impuné-
„ ment tout ce qui est permis par l'Auteur de la na-

ture,

,, ture, & par les Loix que dicte l'intérêt de la société
,, devenu général.

,, Le devoir de l'homme dans l'état de nature, étoit
,, de faire tout ce que lui preferit l'Auteur de la na-
,, ture, d'obéir à son Dieu; le devoir survenu dans
,, la société générale, fera de faire tout ce que lui
,, preferivent les Loix dictées par l'intérêt général.
,, Ces dernieres font les Loix de l'homme; elles font
,, effentiellement fubordonnées à la Loi de fon Dieu.
,, Donc le devoir de l'homme, dans l'état civil, fera
,, d'observer les Loix de fon Dieu, plus les Loix de
,, l'état, autant que celles-ci n'auront rien de contrai-
,, re aux premieres, foit pour les actions, foit pour
,, fes opinions.

,, L'empire intérieur de la conscience, de la Re-
,, ligion, des opinions, n'appartient qu'à Dieu; donc
,, quant à fa conscience, à fa Religion, à fes opi-
,, nions, le Citoyen conservera toute la liberté, qu'il
,, avoit dans l'état de nature.

,, Le Culte extérieur, la manifestation des opinions
,, peuvent intéresser la tranquillité publique; dont le
,, Citoyen fera foumis aux Loix que l'intérêt général
,, pourra dicter quant au Culte extérieur, & quant à
,, la manifestation des opinions. Ces Loix ne feront
,, pas au Citoyen un devoir d'un Culte ou d'une opi-
,, nion, qu'il croit contraires à la vérité; mais ce fera
,, pour lui un devoir, d'éviter toute publicité de Culte
,, contraire à la Loi; & de ne propager la vérité qu'a-
,, vec cette fageffe, qui évite, finon des prétextes de
,, perfécutions, au moins toute caufe réelle de trouble
,, & de diffention dans l'Etat''.

D'après ces principes, frappés au coin de la vérité,

il eſt évident, ſi je ne me trompe, que le cas échéant, ou l'autorité civile franchiſſant ſes bornes, exigeât des Miniſtres des Autels l'obéiſſance à une Loi, qui ſeroit en oppoſition avec celle de Dieu, & cherchât dans leur Déclaration même un prétexte pour les y contraindre, ils ſeront en droit de défendre leur refus avec l'incompétence. Leur Déclaration, le Serment même, s'ils en avoient prêté, de ſa nature, ne pouvoit porter ſur ce que l'autorité, qui l'avoit exigé, n'avoit pas droit d'ordonner.

Ce fut de cette maniere que ſe défendirent les généreux ſoldats de la Légion Thébéenne contre l'Empereur Maximien, lorſque ce tyran leur commandoit de ſacrifier aux Idoles. Diſpoſés à tout ſouffrir, mais non pas à ceſſer d'être Chrétiens, ils lui dirent : ,, Nous ,, ſommes vos ſoldats, mais nous ſommes auſſi ſervi- ,, teurs de Dieu. Nous devons donc vous ſuivre, mais ,, non contre celui qui eſt notre Créateur, & qui eſt ,, auſſi le vôtre, quand même vous ne voudriez pas le ,, reconnoître. Nous ſommes prêts de vous obéir, ,, comme nous avons fait juſqu'à cette heure ; mais ,, non pas quand vous nous commandez des crimes. ,, Comment vous aſſurerez-vous de notre fidélité, ſi ,, nous ne la gardons à notre Dieu ? Le Serment que ,, nous vous avons prêté, eſt-il plus auguſte que celui ,, que nous lui avons fait auparavant ” ? (Tillemont, *Mémoires pour ſervir à l'Hiſt. Eccléſiaſt.* Tom. IV. pag. 839).

Voilà la réponſe que tout Chrétien doit donner aux Puiſſances de la terre, lorſque celles-ci oubliant ce qu'elles ſe doivent à elles-mêmes, & abuſant de leur autorité, demandent à être obéies contre l'ordre de Dieu.

Mais est-il nécessaire, pour mettre sa conscience à l'abri de tout reproche, que dans les Déclarations de soumission & d'obéissance à leurs Loix, exigées par les Puissances civiles, on fasse toujours la restriction expresse de n'obéir que sauf la Religion que l'on professe, ou autant que la soumission due à Dieu le permettra? Je ne le pense pas. Et, à moins que la formule présentée n'offre ou cache quelque point, qui compromette la Religion, tel que par exemple le Serment prescrit par Henri VIII, Roi d'Angleterre, & celui nommé *civique*, décrété par l'Assemblée Nationale Constituante, je crois cette restriction à peu près aussi superflue que celle de l'impossibilité physique. L'exception à l'égard de celle-ci seroit sans doute ridicule, & pourquoi? Parce que cela s'entend. Or je soutiens qu'il en est de même de l'impossibilité morale d'obéir, qui se trouve dès qu'on ne le peut sans offenser Dieu, puisque, comme le dit excellemment Tertullien, au Chapitre 11 *de Coronâ Militis*, c'est une nécessité pour les Chrétiens, & la seule qu'ils ayent de ne point pécher. *Nulla est necessitas delinquendi, quibus una est necessitas non delinquendi.* Aucun honnête homme selon le monde, moins encore un Chrétien n'entend s'engager à trahir son devoir. Quand un tyran (car c'en est un, qui entreprend de forcer les consciences) en vient à cette extrémité, c'est alors le moment de lui déclarer expressément, ce qu'il n'auroit pas voulu voir dans la promesse lui faite de lui obéir, un engagement antérieur & supérieur à celui pris envers lui, savoir d'obéir à Dieu plutôt qu'aux hommes.

C'est-ce que nous voyons dans les Martyrs, dont je viens de tracer la conduite héroïque envers le tyran Romain. Ils lui avoient fait le Serment militaire sans réserve, qui suivant Juste Lipse, au 1er. Livre *de*

Militiâ Romanâ, les engageoit non-seulement à marcher à la guerre, mais encore à observer la discipline militaire. Or nous voyons au Chapitre onze du Livre de Tertullien, *de Coronâ Militis*, à combien de choses contraires à la Religion cette discipline exposoit un soldat Chrétien. Après en avoir donné quelque détail, il ajoute : *Quanta alia in deliciis circumspici possunt castrensium munium transgressioni interpretanda ?* Cependant ces Martyrs, Chrétiens avant d'être soldats, comme on voit par leur réponse à l'Empereur, n'avoient fait aucune restriction en prêtant le Serment militaire, ni aucun autre Chrétien embrassant cet état en faisoit, puisque cela seul eut suffi pour les faire connoître & persécuter comme Chrétiens. Ils ne croyoient donc pas qu'ils fussent obligés, pour tranquilliser leur conscience, à en faire en promettant obéissance à un Empereur païen ; ils étoient au contraire persuadés qu'il étoit tems de la prononcer, lorsqu'il plairoit à la Providence d'amener des circonstances, où une pareille Déclaration seroit leur dernier retranchement.

Aussi les Apôtres, qui la firent itérativement aux Magistrats des Juifs, sur la défense leur faite par ceux-ci de prêcher l'Evangile, ne crurent-ils pas qu'il fut nécessaire qu'ils en avertissent expressément les Fideles, en leur inculquant l'obéissance aux Puissances de la terre, pour détruire, comme le remarque St. Chrysostome dans l'Homélie sur le Chapitre 13 de St. Paul aux Romains, la calomnie de ceux, qui traduisoient les Apôtres comme des séditieux, qui ne cherchoient qu'à renverser les Loix civiles. *Que tout le monde,* dit S. Paul aux Romains, *soit soumis aux Puissances supérieures... qui s'oppose aux Puissances résiste à l'ordre de Dieu.* Et encore à Tite, au Chapitre

3. *Avertiſſez les Fideles d'être ſoumis aux Princes & aux Magiſtrats, de leur rendre obéiſſance.* Le Prince des Apôtres dit de même dans le Chapitre 2 de ſa 1e. Epître : *Soyez ſoumis, pour l'amour de Dieu, à toutes ſortes de perſonnes, ſoit au Roi comme au Souverain, ſoit aux Gouverneurs &c.* On ne voit ici de reſtriction quelconque, ſur-tout dans S. Paul, qui n'ignoroit cependant pas l'exiſtence de pluſieurs Loix Romaines contraires à celle de Dieu, & pourquoi n'en avertit-il donc pas ? Parce que la choſe parloit d'elle-même. Une diſpoſition inique ne méritant pas le nom de Loi, il ne regardoit point comme une réſiſtance aux Puiſſances établies le refus d'obéir contre la Loi de Dieu. Dans ce cas, dit S. Juſtin, *Apolog.* 1. *pag.* 59, les Princes n'ont pas plus de puiſſance que n'en ont des voleurs dans un bois ou dans un déſert. Et il a parfaitement raiſon.

Voit-on, dans quelque état que ce ſoit, les peuples en prêtant par leurs Repréſentans hommage de fidélité & d'obéiſſance aux Souverains, ou des Magiſtrats aſſermentés toujours reſtreindre leur promeſſe à ce qui ne recontraſteroit point avec la Loi de Dieu ? Qui cependant peut leur être garant, que ces Princes n'ordonneront rien d'injuſte, & ce cas échéant de tels Princes pourroient-ils ſe prévaloir contre eux d'une promeſſe illimitée ? Pourroient-ils ſe trouver offenſés qu'on les éclairât en leur faiſant voir l'oppoſition de leurs ordres avec la Loi de Dieu ? & n'en devroit-on pas toujours en revenir là, quand même on eut fait la réſerve dans le principe ?

Au ſurplus, quel eſt l'état où, ſi l'on veut ſe donner la peine d'examiner les Loix civiles, il ne s'en trouve d'injuſtes au jugement de l'Egliſe, par exemple ſur le prêt à terme avec intérêt, fur la prefcription commen-cée; mais non pas continuée avec bonne foi, & tant d'autres qu'il feroit trop long de rappéller ici? On connoît le célebre mot de St. Jérôme, *Licet jure fori, non jure poli.* Cependant cette confidération a-t-elle jamais arrêté quelqu'un de promettre obéiffance aux Loix de l'état? Et pourquoi pas? C'eft qu'on étoit perfuadé que des Loix, qui à la rigueur répugnoient à la juftice, mais que les Légiflateurs avoient cru nécef-faires pour la tranquillité publique, n'impofoient à perfonne l'obligation de les fuivre, quoiqu'on dût en refpecter les effets civiles, qui, pour mettre à l'abri des pourfuites, ne raffuroient point la confcience.

Nous voyons, par exemple, le Pape St. Léon IV ac-cufé près l'Empereur Lothaire, ce grand faifeur de Loix, par lefquelles, comme le remarque Jufte Lipfe, *Exemplorum Politic. Lib. 2. Cap.* 10, il nous a femé tant d'embarras & de difficultés, *tricas & fpinas,* de ne point vouloir obferver fes Loix, lui protefter qu'il les garderoit conftamment, fans mettre à cette pro-meffe aucune réferve, *& nunc & in ævum nos con-fervaturos modis omnibus profitemur.* Voyez Baluze dans fa Préface aux Capitulaires des Rois de France, num. 23. Et je ne crois pas qu'aucun autre Pape ou autre Chrétien, fommé par les Conftantins, les Théo-dofes & autres Empereurs, eut refufé une pareille Dé-claration, encore que de ce temps-là les Loix Romaines, multipliées au point qu'il y avoit de quoi en charger plufieurs chameaux, comme difoit le Sophifte Euna-pius, n'étoient rien moins que recommandables par leur qualité; car c'étoit au rapport de Turtullien, *Apolog. Cap.* 4, une forêt opaque qui avoit befoin d'être élaguée.

Mais que dis-je? Nous voyons le Pape St. Grégoire

le Grand faire publier , même d'après les ordres de
l'Empereur Maurice , une Loi de ce Prince qu'il jugeoit
contraire à la Loi de Dieu. ,, Etant foumis à vos or-
,, dres, lui écrit-il, j'ai envoyé cette Loi dans les di-
,, verfes parties du monde , & comme elle ne s'accorde
,, pas avec la Loi de Dieu, je vous l'ai fait connoître
,, par ma lettre. J'ai donc rempli mon devoir de part
,, & d'autre., puifque j'ai obéi à l'Empereur & décl.ré
,, mes fentimens pour l'intérêt de Dieu". *Ego quidem
jufſioni ſubjectus, eandem Legem per diverſas terra-
rum partes tranſmitti feci : & quia Lex ipſa omni-
potenti Deo minimè concordat, talem eſſe per ſug-
geſtionis meæ paginam ſereniſſimis Dominis nun-
ciavi. Utrobique ergo quæ debui exſolvi, quia & Imperatori obedientiam præbui, & pro Deo, quod
ſenſi, minimè tacui.* (Lib. 3 Epiſt. 65, aliàs 62).
Oferoit-on dire que ce Saint Pontife eut péché en pouf-
fant l'obéiſſance envers l'Empereur, fon Souverain, au
point de diftribuer à d'autres, pour la publier, une Loi
uu'il crioit contrafter avec celle de Dieu? Et on refuſe
que eſpece de foumiſſion bien inférieure à celle-là!

Je ne diſſimulerai pas au reſte, que les Catholiques
dans les Etats gouvernés par des Princes d'une autre
Religion, ont pris quelquefois cette précaution dans les
promeſſes d'obéiſſance aux Loix. C'eſt ainfi que les
Catholiques d'Angleterre en agirent fous le Regne d'E-
lifabeth & fous Charles II. Mais, malgré la prétention
des Rois Brittaniques à la Suprématie eccléſiaſtique,
ils ne crurent pas toujours cette mefure indifpenfable ;
car elle ne fe trouve point dans le fameux Serment,
connu fous le nom de Serment d'Allégeance, exigé par
le Roi Jacques I, pour reconnoître que ni le Pape ni
aucune autre Puiſſance eccléſiaſtique ne pouvoit dé-
charger fes fujets de la foumiſſion & obéiſſance qu'ils

lui devoient. Le grand nombre des Catholiques Anglois la prêterent fans difficulté. Je n'ignore pas qu'il
fut réprouvé par le Pape Paul V; mais on fait que le
motif de cette improbation n'étoit que l'attachement de
la Cour de Rome en ce tems-là à des maximes relativement au temporel des Princes, auxquelles elle ne tient
plus. Soixante Docteurs de la Faculté de Théologie de
Paris, confultés fur ce Serment, déclarerent le 16 Août,
1680, que les Catholiques Anglois pouvoient le faire
fans bleffer la foi & intéreffer leur confcience. (Coc-
quelin, *Recueil des Cenfures & Conclufions de la Faculté de Théol. de Paris*, pag. 394 & fuivantes).

Ce qu'il y a de certain, c'eft qu'au vu & fu de Rome
le même Serment, quant au fonds, a été prêté fous l'an-
cien régime en Hollande par les Prêtres Catholiques.
Je l'écris d'après une lettre d'un Miffionnaire à Amf-
terdam, en date du 23 Mai de l'année courante. Par ce
Serment ils devoient s'engager à exhorter ceux de leur
communion à l'obéiffance envers les Etats & les Ma-
giftrats. Quelques-uns ayant eu du fcrupule à prêter ce
Serment, le firent après avoir appris des Etats qu'il ne
s'agiffoit que d'une fimple foumiffion. La lettre en queftion
ne s'explique pas davantage. Mais après avoir rapporté
deux Sermens exigés fous le régime actuel, & prêtés
par les uns, refufés par les autres, elle ajoute que tous
les Prêtres, fur la fommation leur en faite, ont en
dernier lieu déclaré, ,, qu'ils promettoient foumiffion à
,, la forme de Gouvernement, qui fondé fur la Souve-
,, raineté du Peuple, exifte provifoirement, & à celle
,, qui par la fuite fera déterminée définitivement, &
,, qu'ils ne concourront jamais par difcours ou de fait
,, au rétabliffement du Gouvernement ariftocratico-
,, Stadhoudérien ''. Voilà encore aucune réferve.

Et

Et qu'on me dise si les Missionnaires Catholiques dans les autres parties du monde & au milieu des infidèles, dans les Sermens ou Déclarations qu'on leur peut demander, garantissent leur conscience contre les mauvaises Loix de ces pays par quelque exception? J'avoue avoir peine à me l'imaginer ; car cette précaution, ce me semble, si elle étoit indispensable, suffiroit à elle seule pour leur fermer l'entrée dans plus d'un pays, puisqu'elle les trahiroit tout d'un coup.

Pourquoi donc prétend-on, que cette mesure soit absolument nécessaire à l'égard des Loix de la République Françoise? C'est, dit-on, que parmi ces Loix il en est de contraires aux Dogmes de l'Eglise Catholique & à sa discipline. Je n'en disconviens pas, comme il s'en trouve ailleurs aussi. Je ne dirai pas, que cette considération n'a point empêché plusieurs émigrés rentrés de déclarer en ce tems, ce qu'ils refusent aujourd'hui ; savoir *de vivre conformément aux Loix de la République ;* mais puisque vous pouvez n'avoir pas émigré, je vous demande seulement, si l'on vous force à donner à ces Loix quelconques la sanction de votre approbation ? Et je soutiens que non ; & cette vérité je l'ai déja prouvée ci-dessus. Oui-dà, vous conserverez à cet égard une entiere liberté. Toute entrave qu'on prétendroit vous donner, de quelque part qu'elle vînt, seroit elle-même une infraction de la Constitution, confirmée sous ce rapport, au dire de la Harpe, par une Loi du 3 Brumaire dernier, appellée Loi *Daunou.*

Si des Législateurs du Peuple François, plusieurs ont préféré, sur certains points aux lumieres pures de la foi, les fausses lueurs d'une Philosophie anti-Chrétienne, rien ne vous oblige à les suivre dans leurs écarts. S'ils ont mis fur la même ligne tous les Cultes, & confondu avec l'erreur la Religion, qui avoit distingué, pendant une longue fuite de fiecles de tous les autres Etats, la France par le glorieux titre de Royaume très-Chrétien; vous gémirez fur cette indifférence, mais vous la fouffrirez, comme les Chrétiens des beaux fiecles de l'Eglife fouffroient les Edits des Empereurs favorables aux Ariens & autres fectaires; mais vous la fouffrirez dans un efprit de charité, portant à la paix & non pas à la révolte le Peuple qui fe montre impatient de voir ravalée une Religion, à laquelle fes peres avoient facrifié leur union avec des provinces voifines, dans la lutte commune pour leur liberté contre l'oppreffion d'un Duc d'Albe. Vous la fouffrirez en attendant que l'expérience, & plus encore la grace de celui, qui difpofe à fon gré des cœurs des hommes, faffe comprendre à ceux qui gouverneront, qu'il eft de l'intérêt de la patrie de donner plus de liberté à l'exércice d'une Religion, qui eft celle de la prefque totalité de la nation. Mais rendons entre-tems graces au Seigneur, de nous avoir accordé au moins ce dont les premiers Chrétiens ne jouiffoient pas, & profitons de notre humiliation, en réparant les pertes du Culte extérieur par un accroiffement de celui du cœur, qui eft le plus effentiel.

Si la Loi du Peuple François, à l'inftar de celle des Proteftans, ne reconnoît point de vœux religieux, les enfans de l'Eglife ne laifferont pas de les regarder, jufqu'à la fin des fiecles, comme des confeils donnés par leur divin Maître, pour arriver plus aifément à la perfection Chrétienne, & rien n'empêchera, qui que ce foit, d'en faire comme au milieu du Paganifme avant l'établiffement des Ordres monaftiques; quoique les effets civils, attachés par les anciennes Loix de l'état à ces vœux, ne subsisteront plus. Il vous fera également permis, de regarder comme sacrileges les alliances contractées par des Moines ou des Prêtres infracteurs des promesses faites à Dieu, encore que les Loix civiles leur donneront leur sanction, qu'il vous faudra respecter civilement.

Il vous sera également libre, de dire avec un Repréfentant du Peuple, que par la Loi sur le divorce *le Mariage est devenu un commerce de chair humaine.* Vous regarderez un Catholique convolant en secondes nôces du vivant de sa femme, comme un apoftat de sa Religion, & vous lui refuferez la bénédiction nuptiale qu'il pourroit avoir l'affronterie de vous demander pour vous tracasser. Mais ne craignez rien. La liberté des Cultes sera ici votre boulevard. Le Juge qu'il pourra interpeller l'éconduira d'après la Loi, qui ne vous laisse plus rien contribuer à l'état civil des Citoyens. Celui-ci sera aux yeux de la Loi civile réputé marié, lui, sa nouvelle & leurs enfans jouiront de tous les avantages accordés par les Loix à une conjonction légitime, tandis que vous & tous ceux de votre communion les regarderont comme vivans dans l'adultere & le concubinage, & votre conduite à leur égard dans les chofes, qui concernent votre Miniftere, sera calquée fur les Loix de l'Eglife.

Vous ne vous peinerez sans doute pas de ce que ceux qui se marient légitimement, doivent se préfenter devant les Municipalités, puifque le St. Pere s'eft expliqué là-deffus très-clairement dans fes *Responsa de Consilio selectæ Cardinalium Congregationis* &c. le 28 Mai, 1793. Ceux qui se borneroient là, se retrancheroient eux-mêmes de votre Communion.

Ce feroit être bien minucieux, que de fonder le refus de la Déclaration, entre autres auffi fur le Calendrier Républicain. Qu'elles qu'ayent été les vues de fes auteurs, Dieu, qui veille fur fon Eglife, n'a pas permis qu'il fît difparoître les Dimanches & autres folemnités Chrétiennes. Les Loix, qui gênoient à cet égard, font éclipfées. Celle du 7 Vendémiaire, an 4, qui *réunit en un feul corps, modifie ou complette celles rendues* antérieurement fur l'exercice des Cultes, non-feulement ne vous commande point de célébrer telle ou telle fête, qui ne vous conviendroit pas, mais vous permet expreffément d'obferver celles que vous voudrez, & empêche tout le monde de vous y troubler. Si elle vous ôte à cet égard les voies d'autorité & de fait, elle vous laiffe celle de la perfuafion, plus analogues à l'efprit de la Religion. *Hilarem enim datorem diligit Deus.* Vous aurez fatisfait à votre devoir en propofant à vos Paroiffiens le Précepte de Dieu & de l'Eglife. Celui qui ne vous écoute pas, *ipfe viderit.* Toutes les fauffes alarmes à ce fujet font diffipées par la Loi même.

Il en eft ainfi également du bruit répandu fur la communication rompue avec le Chef vifible de l'Eglife. L'article 22 du Titre 5 de la Loi citée détruit pleinement cette impofture. Elle permet, comme cela s'obfervoit dans les Etats acatholiques où la Religion Romaine étoit tolérée, de publier les Refcrits du Pere de la Chrétienté dans l'enceinte des Eglifes feulement, après qu'ils auront été préfentés au Corps légiflatif, vus & vérifiés par lui comme porte la Loi du 9-17 Juin, 1791, que j'aurois cru rapportée par l'article 22 de celle du 7 Vendémiaire, fi le Directoire ne la rappelloit dans fon Arrêté du 26 Floréal dernier. Au refte cette formalité du *Vifa* étoit en ufage à l'égard de la plûpart de ces Refcrits dans nombre d'Etats Catholiques. La communication avec Rome eſt à la vérité devenue infiniment plus difficile qu'elle n'eſt dans ces Etats , mais elle n'eſt point levée. Plaçons-nous dans les ſiecles des perſécutions de l'Egliſe , & nous ſaurons nous conduire à cet égard, comme par rapport à bien d'autres choſes , ſuivant l'exigence des circonſtances.

Vous n'approuvez pas l'abolition de la Dîme. Ce ſeroit ſans doute trop demander à ceux qui par-là ont perdu entiérement , ou en partie, les moyens de ſubſiſtance. Je ſuis moi-même dans ce cas; mais je me ſuis rappellé ces généreuſes paroles de St. Ambroiſe : ,, Si ,, l'Empereur déſire nos terres , il peut les prendre, ,, aucun de nous ne s'y oppoſe : je ne les donne pas, ,, mais je ne les refuſe pas ''. *Si agros deſiderat Imperator , poteſtatem habet vindicandorum , nemo noſtrûm intervenit.... Non faciant de agris invidiam. Tollant eos ſi libitum eſt, Imperatori non dono , ſed non nego.* Orat. de Baſilicis non tradendis , num. 33. Vous ſavez que le Pape St. Grégoire le Grand , pour ramener dans le ſein de l'Egliſe les Clercs de Côme , étoit prêt à leur céder une terre réclamée par eux, quand même ils n'y auroient aucun droit. Car, dit-il , nous ne voulons leur laiſſer aucun prétexte pour demeurer dans le Schiſme. (*Fleury Hiſt Eccléſiaſt. T.* 8. *Liv.* 36. *num.* 6). Vous n'ignorez pas non plus la diſpenſe accordée au nom du Pape Jules III , par le Cardinal Polus , envoyé pour réconcilier l'Angleterre à l'Egliſe ſous le Regne de la Reine Marie, aux détenteurs des biens eccléſiaſtiques ôtés aux Monaſteres durant le Schiſme de Henri VIII (*ibid. T.* 30. *Liv.* 150 , *num.* 37.), & le Proteſtant Spelman , dans un Ouvrage Latin dont on a imprimé, il y a quelques années , un Extrait en François , vous aura appris de quelle maniere une espece de prédiction de ce grand homme s'est vérifiée à leur égard.

Enfin, quant aux Loix Françoises qui contrarient la discipline extérieure de l'Eglise, personne n'ignore que dans toutes les choses qui ne font que d'institution humaine, l'Eglise peut se relâcher comme elle l'a fait en plusieurs occasions, quand l'iniquité des tems l'y obligeoit. On peut ici appliquer ces belles paroles de St. Augustin, au Chapitre 17 du Livre 19 de sa Cité de Dieu. *Hæc ergò cœlestis civitas dum peregrinatur in terrâ, ex omnibus gentibus cives evocat, atque in omnibus linguis peregrinam colligit societatem : non curans quidquid in moribus, legibus, institutisve diversum est, quibus pax terrena vel conquiritur vel tenetur : nihil eorum rescindens, nec destruens, immò etiam servans ac sequens, quod licet diversum in nationibus diversis, ad unum tamen eundemque finem terrenæ pacis intenditur, si Religionem, quâ unus summus & verus Deus colendus docetur, non impedit.*

Concluons donc, que rien ne peut empêcher de faire la Déclaration demandée ; car, puisque, de l'aveu de tout le monde, un Serment même ne peut avoir d'effet que pour un acte essentiellement juste & digne de la Majesté divine & humaine, il ne peut être pris pour un engagement à faire ce qui seroit contre la Loi de Dieu ou contre l'intérêt général de la société. On ne pourra donc jamais, comme vous semblez l'appréhender, se prévaloir de votre Déclaration contre vous, pour vous obliger à faire ce qu'avec raison vous croiriez illicite. Il n'y a que la logique de la tyrannie, qui puisse en tirer une telle conséquence. Arracheroit-on des murs de votre Eglise votre écriteau, pour le faire fervir de titre de conviction contre vous, ces murs mêmes, antérieurs à lui, réclameront pour vous & invoqueront la Religion dont ils font des monumens, & dont vous défendez la caufe. Votre qualité de Prêtre, celle de Chrétien, celle même d'homme, tout dépofera en votre faveur que vous n'avez pas entendu, ni pu entendre promettre de trahir la fidélité à votre Dieu ; & vous traiter en pareil cas de réfractaires aux Loix fera aux yeux de vos contemporains, comme à ceux de la poftérité un defpotifme affreux, une oppreffion manifefte. Vous ferez voir alors que, vous contentant de votre innocence, vous favez fouffrir en Miniftres de celui, qui, pour la confolation de fes Difciples, a bien voulu permettre qu'il fut calomnié, d'avoir empêché de payer le tribut à Céfar, quoiqu'il eût dit précifément le contraire.

Non-feulement la Déclaration ne vous impofe point la néceffité d'obéir à des Loix injuftes, qui pourroient être émanées par la fuite, mais ne vous impofe pas même celle d'approuver les Loix déja portées, comme je l'ai fait voir. Tout ce qu'elle exige c'eft que vous obferviez fidélement celles qui vous concernent, & qu'en confcience éclairée vous croirez pouvoir fuivre, en fouffrant la vexation de celles, qui vous paroîtroient injuftes, plutôt que de troubler l'ordre public. Cependant la parole de Dieu ne doit jamais être enchaînée en votre bouche (car la Puiffance civile n'a pas plus d'autorité fur la morale du Chriftianifme que fur fes dogmes), mais vous la difpenferez avec la prudence du ferpent & la fimplicité de la colombe, recommandées par notre divin Légiflateur, & n'abuferez jamais de votre Miniftere pour provoquer quelque infurrection, car ce feroit un crime envers Dieu & envers les hommes. C'eft ainfi qu'en ufoient les faints Evêques du bel âge de l'Eglife, fe foumettant même aux ordres injuftes des tyrans, qui les arrachoient de leurs Eglifes pour les envoyer en exil; ils rappelloient aux Peuples, qui vouloient les empêcher de partir, l'obligation de fe foumettre aux Puiffances de la terre. Et quoique abfens de corps de leurs ouailles, leur efprit & leur cœur n'en étoient jamais féparés, fuppléant par des inftructions, par écrit, à celles que les circonftances impérieufes des tems les empêchoient de leur donner de bouche. V. *Theodoreti Hift. Ecclef. Lib. IV. cap.* 14- Athanafii *Apolog. ad Conftant. Imp. num.* 26 &c.

Puifque donc la Déclaration ne porte & ne peut porter que fur une foumiffion paffive, par rapport aux Loix qui peuvent vous déplaire, comme contraires à Dieu; c'eft-à-dire à un engagement de n'exciter point à la révolte ; voudriez-vous encore par l'appréhenfion d'un fcandale né de l'ignorance, & qui ceffera dès que vous éclairerez le Peuple, voudriez-vous, dis-je, pour une caufe auffi peu raifonnable fouftraire à vos ouailles la nourriture de leurs ames que vous leur devez, la parole de Dieu & les Sacremens ; les laiffer privés du Saint Sacrifice, la fource de tous les biens, & des autres moyens de falut; les voir même mourir fans Viatique, plutôt que de faire une Déclaration de cette nature? Fut-elle même d'un finiftre augure pour la fuite, ce que je fuis très-éloigné de croire (car pourquoi tout voir en noir?). Comme elle n'eft point captieufe dans fa forme & que fes termes ne préfentent que l'expreffion de ce que doit tout Citoyen à l'Etat dont il fait partie, je penfe qu'il eft prudent, indifpenfable même, d'attendre les événemens, comme il plaira à Dieu de les amener, plutôt que de devenir par un refus perfévérant la

caufe

cauſe de tous les maux auxquels je viens de toucher, & de pluſieurs autres dont la perſpective n'eſt pas moins inquiétante.

Ne m'objectez pas la conduite du Clergé de France; ſa poſition étoit bien différente de la nôtre. Il ne s'agiſſoit de rien moins à leur égard que de trahir la foi orthodoxe, d'agréer une Conſtitution prétendue civile du Clergé, qui, au jugement du Saint Siege, *contenoit un amas & le fonds de beaucoup d'héré-fies.* Aujourd'hui cette Conſtitution réprouvée par l'Egliſe n'exiſte plus, il ne s'agit maintenant que d'une ſoumiſſion aux Loix Politiques de l'Etat. Le Corps légiſlatif lui-même a déclaré, que les Loix auxquelles il faut ſe conformer dans l'exercice des Cultes, *n'ont & ne peuvent avoir pour but qu'une ſurveillance renfermée dans des meſures de police & de ſûreté publique.* Je renonce donc ſolemnellement, comme je l'ai déja obſervé, à la prétention des auteurs de la Conſtitution ſoi-diſante civile du Clergé, à l'inſpection ſur ce qui eſt de droit divin dans la Religion & ſur la police intérieure de l'Egliſe. Après cela n'eſt-on pas fondé à attendre tout plein de modération encore de ſa part? Ce qui s'eſt paſſé le 3 & 4 Prairial au Conſeil des cinq Cens nous en eſt un ſûr garant. Dumolard y a proféré ces paroles mémorables : *La Religion eſt l'ouvrage de Dieu. il n'appartient pas aux hommes de la juger.* Dumolard! ton nom ſera à jamais cher aux François attachés à la Religion de leurs peres. Puiſſent tes paroles avoir inſpiré tes ſentimens à tous tes collegues!

Et puiſqu'au rapport des voyageurs le Culte Catholique eſt librement exercé en France par des Prêtres non-jureurs, ces Confeſſeurs de la Foi n'auront donc pas hésité à faire la Déclaration préscrite, attendu qu'aux termes de la Loi aucun Ministre de Culte ne peut remplir son Ministere sans l'avoir faite préalablement. Et ces mêmes héros de la Religion n'avoient-ils pas fait, avant l'exaction du Serment sur la dite Constitution, & de celui nommé mal-à-propos *civique*, un premier Serment d'une soumission entiere à la Constitution civile de l'Assemblée constituante ? A défaut d'autres documens pour en parler plus pertinemment, je me contenterai de transcrire ici, en preuve de ce que j'avance, ce passage de l'auteur de la *premiere Lettre à M. Camus, au sujet de ses Observations sur les deux Brefs du Pape Pie V1*, pag. 46. Après avoir dit que le Pape, & les Evêques de l'Eglise Gallicane, avoient réprouvé le Serment exigé sur la Constitution civile du Clergé, il ajoute : ,, J'ose ,, vous assurer, que la Nation doit plus compter sur ,, la fidélité des Ministres de l'Eglise, qui se sont ,, refusés au second Serment, que sur les autres : car, ,, puisqu'ils ne s'y sont déterminés, que pour défé- ,, rer aux lumieres de leur conscience, combien la ,, voix de la conscience aura-t-elle plus de force en- ,, core, pour leur faire observer les engagemens sa- ,, crés qu'ils ont pris librement, *par un premier* ,, *Serment d'une soumission entiere à la Constitu-* ,, *tion civile, décrétée par l'Assemblée*. Ils ne pour- ,, roient les violer sans sacrilege''. Cependant la premiere Constitution valoit-elle mieux que la derniere, & n'existoit-il pas des Loix contre lesquelles on se récrioit ? Mais c'est que ces Ecclésiastiques n'en regardoient que les effets civils sans discuter leur valeur intrinseque, & qu'ils ne pouvoient sous aucun rapport regarder comme civile la Constitution du Clergé ; tandis qu'aujourd'hui ceux, qui refusent la Déclaration, s'obstinent à peser ces Loix elles-mêmes, sans vouloir comprendre qu'on ne les fomme qu'à en refpecter les effets civils autant que la tranquillité de l'Etat l'exige.

J'allois finir ces Obfervations, lorfqu'il fe préfente à mon efprit un argument tiré d'un Bref du St. Pere, adreffé aux Catholiques de France, le 5 Juillet de l'année derniere ; argument qui j'efpere mettra le fceau à toutes les preuves que j'ai apportées en faveur de la Déclaration. Quoiqu'il n'y ait que trop de perfonnes, qui ne veulent recevoir que ce qu'elles jugent analogue à leurs préventions, on ne conteftera probablement pas l'authenticité de ce Bref, qu'on trouvera en Latin & en François à la fuite de cet Ecrit. Elle eft trop conftatée pour qu'un efprit raifonnable puiffe fe permettre le moindre doute à fon égard. L'original en repofe aux Bureaux du Miniftre des Relations extérieures, Ch. Delacroix, auquel le Pape l'a adreffé, & qui en a délivré une copie conforme à l'auteur du Journal intitulé : *Annales Catholiques*, M. l'Abbé Sicard, Prêtre non-jureur, qui a échappé au maffacre du 10 Août, par la confidération qu'il étoit inftituteur des fourds & muets. Cet eftimable écrivain a répondu à tous les doutes, & en garantit l'authenticité en le publiant à la tête du Numéro 21 de fes Annales, 15 Octobre, 1796, à Paris, chez Le Cler.

Le Pape y exhorte les Catholiques de France unis au St. Siege *à la paix*, & leur recommande *la foumiffion due aux Puiffances établies ;* leur en prouve l'obligation par les divines Ecritures, & les avertit en conféquence *de ne point fe laiffer égarer*, & de ne point *par une piété mal-entendue fournir aux Novateurs* (Novitatum Auctoribus) *un prétexte de décrier la Religion Catholique*, comme fi elle avoit été établie *pour renverser les Loix civiles.* Il les porte ensuite *à ne rien négliger, pour prouver à ceux qui leur commandent le zele & l'empreffement de leur foumiffion,* & finit par les avertir, de *ne point ajouter foi à quiconque publieroit une doctrine contraire comme émanée du St. Siege.*

Or je demande, le Pape ignoroit-il l'exiftence des Loix Françoifes, & nommément celles du 9-17 Juin 1791, & du 7 Vendémiaire, an 4, auxquelles on refufe de promettre foumiffion & obéiffance crainte de bleffer la confcience? Non fans doute. Et comment les auroit-il ignoré lui, qui a été tant de fois confulté à ce fujet, & qui a déja donné tant de réfolutions relatives aux affaires eccléfiaftiques de France? Au contraire on voit clairement par ce qu'il exhorte les Fideles à la paix & à la foumiffion aux Puiffances établies, qu'il leur écrit précifément, pour appaifer des conteftations élevées à ce fujet, & pour *qu'ils ne fe laiffent pas féduire par les confeils d'une fageffe humaine,* qui auroit pu les porter à la défobéiffance.

Eh bien! le Pape connoiffant les Loix Françoifes, & connoiffant le mal qu'il peut y avoir, auffi bien au moins que ceux qui fe refufent à la Déclaration, pourquoi n'a-t-il pas averti les Fideles tant Prêtres que Laïcs, en inculquant la foumiffion à ceux qui leur commandent; en les exhortant même à ne rien négliger pour prouver le zele & l'empreffement de leur foumiffion; pourquoi dis-je, ne les a-t-il point averti de ne la prêter que dans les chofes qui ne feroient point contraires aux Loix de Dieu & de l'Eglife? Leur auroit-il donc tendu un piege? Qui oferoit-le dire? Mais c'eft qu'il jugeoit inutile d'y mettre une exception qui s'entend d'elle-même, qui fe trouve, pour ainſi dire, imbibée dans toutes les Loix & tous les commandemens des hommes.

Le Pape n'ayant donc pas cru néceſſaire de propoſer aux Catholiques François, qu'il ſavoit vivre ſous l'empire des *Innovations* de toute eſpece, quelque reſtriction à la ſoumiſſion à laquelle il les exhorte envers ceux qui leur commandent, & par conſéquent envers les Loix émanées par eux ; pourquoi pluſieurs Prêtres croient-ils ne pouvoir faire la Déclaration d'obéiſſance & de ſoumiſſion aux Loix ſans y mettre explicitement une reſtriction ? Penſent-ils que les mots d'*obéiſſance & de ſoumiſſion*, placés dans la Déclaration, emportent plus que le Pape ne recommande par *obſequi imperantibus* ; c'eſt-à-dire l'obéiſſance active dans les choſes permiſes, & la ſoumiſſion paſſive par rapport au mal qu'on ne peut empêcher, comme on le doit ſi l'on en a le pouvoir la révolte à part ? En rendant hommage à leur piété, je regarde leur défiance comme outrée. Car encore un coup : Le Pape, SS. Pierre & Paul eux-mêmes, pouvoient-ils en bonne conſcience recommander aux Fideles la ſoumiſſion & l'obéiſſance aux Loix ſans réſerve expreſſe de celles contraires à la juſtice, à la vérité & à la Religion, pourquoi ne pourroit-on pas de même promettre ſoumiſſion & obéiſſance aux Loix de l'Etat ? Quoi ! eſt-on plus autoriſé à exhorter à l'obéiſſance aux Loix qu'à la promettre ſans exception ? Non ſans doute ; mais l'un & l'autre ſera permis dès que la réſerve devient inutile, pour être intrinſeque & connue de tout le monde.

Au reſte, je ne prétends faire la loi à perſonne, c'eſt mon opinion à moi que je ſoumets au jugement du St. Siege & de l'Egliſe, toujours prêt à la réformer fur fa décifion. Et je prie mes Collegues dans le Sacré Miniftere de croire, que fi je ne me refuferai pas à la Déclaration, lorfque je ferai fommé de la faire, c'eft par la conviction intime où je fuis que tout m'en impofe le devoir. C'eft l'amour feul pour les ouailles de Jefus-Chrift confiées à mes foins, & la crainte de les voir expofées à des maux incalculables, qui à l'époque de l'émigration m'ont engagé à ne les point abandonner, & qui encore en ce moment difficile m'attachent à un emploi, dont les dangers infinis m'ont fait défirer depuis long-tems d'être difpenfé d'une maniere conforme à la volonté de Dieu. Aucun intérêt temporel ne m'y lie, puifque les Loix Françoifes m'ont enlevé à peu près toute ma fubfiftance. Aucune confidération humaine d'ailleurs ne feroit capable de me porter à cette démarche, fi je ne la croyois auffi permife que néceffaire, me fentant, Dieu merci, difpofé à donner, avec fon affiftance, dans le befoin ma vie pour fa caufe.

Telle eft également la difpofition de mes Collegues que j'ai l'honneur de connoître, & je ne doute point que ce ne foit celle de tous ceux qui ont cru devoir faire la Déclaration. Nous croyons, difent-ils, d'après les lumieres que Dieu nous donne, fervir l'Eglife auffi utilement au moins que ceux à qui leur confcience dicte de ne pouvoir y acquiefcer, mais que ce refus n'autorife en aucune maniere à rompre, comme il eft déja arrivé en plus d'un endroit, les liens de la charité fans laquelle le Martyre même devient inutile, comme l'enfeigne St. Paul. Conformément au précepte de cet Apôtre nous prierons & ferons prier pour ceux qui nous gouvernent, afin que fous leur Gouvernement nous menions une vie paifible. Nous confiant en Dieu, qui n'abandonne jamais fon Eglife, & comptant fur l'équité de nos Légiflateurs, dont plufieurs au moins pro-

feffent notre Sainte Religion, & qui tous en connoif-
fent le grand précepte de rendre à Dieu ce qui eft à
Dieu, comme auffi à la Puiffance civile ce qui lui eft
dû, nous attendrons avec réfignation les événemens
que la Providence ménagera pour l'avenir. Nous croirions faire injure au Corps légiflatif actuel ainfi qu'au
Directoire, de lui fuppofer l'intention de vouloir jamais
faire forcer nos confciences, mais le cas arrivant contre
notre attente, nous leur dirons toutes les fois qu'il le
faudra, avec le Martyr St. Juftin (num. 17 de fa
premiere Apologie) : *Nos folum Deum honoramus,
vobis autem in rebus aliis læti fervimus.* Voilà notre
Déclaration préfentée avec la reftriction effentiellement
inhérente à toute promeffe d'obéiffance ; fi par cette
raifon nous ne l'ayons pas placée, conformément à la
Loi, au pied de l'écriteau fufpendu devant les yeux de
nos Concitoyens, nous la mettons ici fous les yeux de
tout l'univers pour confondre la calomnie, qui n'a pas
honte d'anticiper dans fon ignorance, ou dans fa préven-
tion fur le jugement de l'Eglife, pour traduire comme
hérétiques ceux, qui, moins défians envers l'autorité
& tout auffi bons Catholiques que d'autres, ont cru
devoir fe prêter à ce que chaque bon fujet doit à
l'Etat. *Quæcunque ignorant, blafphémant.*

P. S. En ce moment je reçois la décifion du Synode
de l'Archevêché de Cologne, confulté par les Curés
du Luxembourg & ceux du Canton de Rolduc qui
reffortiffent de cet Archevêché, relativement à la conduite qu'ils avoient à tenir par rapport à la Déclaration
demandée. Ce Synode, après avoir pris l'avis de plufieurs Membres de l'Univerfité, a décidé qu'on pouvoit
la faire en toute fûreté de confcience. *Declaratio*

præmissa tutò præstari poterit. L'original de la piece, datée du 30 Mai dernier, où cette resolution est consignée, est entre les mains d'un de mes amis, dont je puis la tirer à tout instant pour la faire voir à qui voudra.

C'est-ce que j'atteste en foi de Prêtre,

S. P. ERNST, CURÉ D'AFDEN,

Diocèse de Cologne.

BREF DU St. PERE LE PAPE PIE VI.

AUX CATHOLIQUES DE FRANCE.

Omnibus Christi Fidelibus Catholicis communionem cum Sede Apostolicâ habentibus, in Galliis commorantibus PIUS PP. VI. Dilectis Filiis Salutem & Apostolicam Benedictionem.

Pastoralis sollicitudo, Filii dilectissimi! quæ à Domino nostro Jesu-Christo ex abundantiâ misericordiæ suæ humilitati nostræ commissa est, nos admonet, ut omnibus Christi Fidelibus, præsertim verò iis, qui majoribus tentationibus appetuntur, ne à sapientiâ carnali miserè seducan-

tur,

tur, adesse cupiamus : Nobis enim æquè ac Pro-
phetæ Isaiæ dictum est : Clama, ne cesses, quasi
tuba exalta vocem tuam, annuntia populo meo sce-
lera eorum. Quocircà Nobis deesse videremur, nisi
quamcunque occasionem vos hortandi ad pacem ac
debitam constitutis Potestatibus suadendi subjectio-
nem libenter arriperemus. Siquidem cùm Dogma
Catholicum sit, divinæ Sapientiæ opus esse, quod
Principatus sint, ne omnia casu & temerè feran-
tur, populis hinc inde circumactis, unde Paulus
non de singulis Principibus, sed de re ipsâ loquens
dicit, quod nulla est potestas nisi à Deo, quodque
qui ei resistit, Dei ordinationi resistit. Nolite errare,
Filii carissimi ! ac sub pietatis colore novitatum
auctoribus ansam præbere Catholicam Religionem
vituperandi : in vos quippe grande scelus suscipe-
retis, quod non à Potestatibus sæcularibus solùm
ulcisceretur, sed etiam, quod maximum est, Deus
non leves sed maximas pœnas repeteret, qui enim
resistunt Potestati ipsi sibi damnationem acquirunt.
Hortamur itaque vos, Filii dilectissimi ! per Jesum
Christum Dominum nostrum, ut omni studio,
omnique alacritate ac contentione imperantibus
obsequi studeatis ; sic enim à vobis Deo debitum
præstabitur obsequium, ac illi orthodoxam Religionem ad Legum civilium eversionem minimè
constitutam esse magis magisque intelligentes, ad
eam fovendam tuendamque per implementum di-

ylnorum *Præceptorum & Cultum ecclesiasticæ disciplinæ allicientur. Denique vos monitos volumus, ut quicunque oppositam doctrinam evulgaverit, tanquam ab Apostolicâ Sede traditam, nullam fidem habeatis. Vobisque Apostolicam paternam Benedictionem peramanter impertimur.*

Datum Romæ apud S. Mariam Majorem, sub Annulo Piscatoris die 5 Julii, 1796, Pontificatûs nostri Anno 22°.

R. *Card. Braschius de Honestis.*

Loco (✠) *Annuli Piscatoris.*

Romæ ex Typographia Rev. Cameræ Apostolicæ.

Pour Copie conforme à l'original, déposé dans mes Bureaux.

Le Ministre des Relations extérieures,

CH. DELACROIX.

Le même Bref en François.

*A tous les Fideles Catholiques habitans de la France, qui font en communion avec le Saint Siege, P*IE *VI Pape, Salut & Bénédiction Apoftolique.*

LA follicitude paftorale nos très-chers Fils, dont Notre Seigneur Jefus-Chrift, dans l'abondance de fes miféricordes a daigné nous charger, tout indignes que nous en fommes, nous fait un devoir de venir au fecours de tous les Fideles, & plus particuliérement de ceux qui font expofés à de plus fortes tentations, de crainte qu'ils ne fe laiffent malheureufement féduire par les confeils d'une fageffe mondaine. Car c'eft à nous qu'il a été dit ainfi qu'au Prophete Ifaïe : *Criez, criez fans ceffe, faites retentir votre voix comme une trompette, annoncez à mon peuple fes iniquités.* Nous croirions donc nous manquer à nous-mêmes, fi nous ne faififfions pas avec empreffement toutes les occafions de vous exhorter à la paix, & de vous recommander la foumiffion qui eft due aux Puiffances établies. C'eft en effet un Dogme de la Reli-

gion Catholique que l'établissement des Gouverne-
mens est l'ouvrage de la Sagesse divine, qui a voulu
par-là nous préserver du désordre & du chaos auxquels nous aurions été livrés, & empêcher que les
peuples ne soient ballotés çà & là, comme un vais-
seau battu par les flots. Aussi St. Paul parlant, non
de chaque Prince en particulier, mais des Gouver-
nemens en général, nous dit qu'*il n'y a pas de
Puissance qui ne vienne de Dieu*, & que *résister
à la Puissance, c'est résister à l'ordre que Dieu
a établi*. Ainsi, nos chers Fils ! ne vous laissez
pas égarer, & par une piété mal-entendue ne four-
nissez pas aux Novateurs un prétexte de décrier la
Religion Catholique. Vous vous rendriez alors bien
coupables ; & non-seulement vous appelleriez sur
vous la vengeance des Puissances de la terre ; mais,
ce qui est bien plus à redouter, de grands châti-
mens de la part de Dieu ; car il est écrit que *ceux
qui résistent aux Puissances attirent sur eux-mêmes une juste condamnation*. C'est pourquoi, nos
très-chers Fils ! nous vous exhortons, au nom de
Notre Seigneur Jesus-Christ, de ne rien négliger
pour prouver à ceux qui vous commandent, le zele
& l'empressement de votre soumission. Vous les con-
vaincrez par-là de plus en plus, en même tems que
vous rendrez à Dieu l'obéissance qui lui est due,
que la Religion orthodoxe n'a point été établie

pour renverſer les Loix civiles ; & vous les porte-
rez à chérir cette Religion ſainte & à la protéger,
en procurant l'obſervation des Préceptes divins &
des regles de la diſcipline eccléſiaſtique. Enfin,
nous vous avertiſſons de ne point ajouter foi à
quiconque publieroit une doctrine contraire comme
émanée du Saint Siege. Nous vous donnons avec
une tendreſſe vraiment paternelle notre Bénédiction
Apoſtolique.

Donné à Rome à Ste. Marie Majeure ſous l'Anneau du Pêcheur le 5 Juillet, 1796, & la 22e.
Année de notre Pontificat.

R. Card. Braſchi Oneſti.

Ici (✠) eſt l'empreinte de l'Anneau
du Pêcheur.

[illegible]

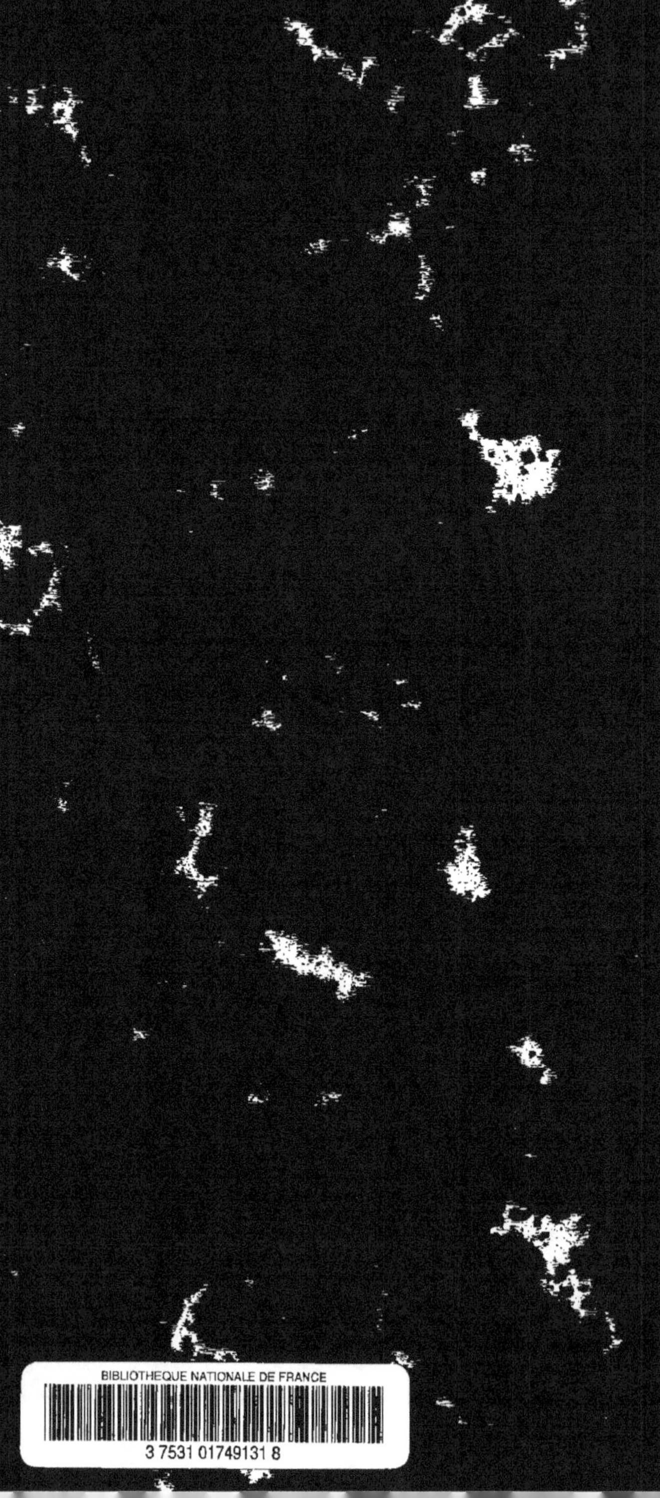